뜻밖이다

뜻밖이다

■

김규성 시집

한솔

시인의 말

마음을 열고 들으면
천 가지의 말과 만개의 느낌이 있다
보이는 것이 다가 아니어서

괜한 것에 괴롭고 즐거우니
뜻밖이다

2020년 초겨울
김규성

| 차례 |

제2부

제3부

제4부

제1부

실크로드

중국 중원에서 타클라마칸 사막 파미르고원
중앙아시아 초원과 이란고원 지중해까지

실크로드 장구한 길에 금은보화와 인물들 알지 못하지만
길 위의 사람들은
남루한 옷에 거멍이 묻고 누런 이빨 씻지 못한 얼굴에
신발은 닳고 흙이 묻었을 것이다

전장 6,400킬로미터
그보다 더 긴 삶의 여정
어디에서 노구를 풀고 한 끼 식사 중인지
겨울 연산식당
오전내내 허허벌판 현장에서 떨기만 했다고
시퍼렇게 언 사람들이
밥보다 먼저
뜨거운 콩나물국부터 마셨다

동굴벽화

처음엔 가두어 둔 달을 보려고 구멍을 뚫었지
전생이 보이더군
바다였어 오지 산골이기도 하고
그곳에 작은 마을이 있어서
공부하고 생각하는 일을 주로 하더군
가끔 탁발하고 만행을 하지만
사람들은 가난하지
주는 것이라고는 투명한 것들 뿐
바랑이 무겁지 않고 부피가 있는 것도 아닌데
입가에 미소가 있더군
나는 가느다란 줄 내려 소리를 듣고 싶었지
차가울수록 뜨거워지는 별과
빛이 없는 곳에서도 집으로 가는 방법
공기 한 모금으로 물에 가라앉고 뜨는
잘 애기하지 않는 것들이더군
보였다 사라지고 들렸다 끊이길 반복하여
깊은 곳을 보는 거였지
일렁이는 흔들림 뒤에 잠깐

눈이 마주쳤어
기억도 이젠 흐려져 아득한
사람을 찾아야 한다하네

만일滿日

흙에 들어 싹트고 꽃 피어 열매 다시 드니
100일

사람 사는 동네까지 내려와
겅중 뛰는 새끼 고라니
고개 돌려 뒤돌아보는 짓 하자
제깟 놈이 뭘 안다구
혼자 중얼거리며
산밭을 매는 사람
어깨 허리 구붓하게
고랑 휘저으며 돌아본다
소용돌이마다
새싹들
팽팽하다

화火

한평생 재봉틀 일로 살아온 여자의 자존심과
눈썰미 하나로 탁월한 기계 기능을 익혀 기술자가 된
남자의 고집이 충돌했다
여자는 오후 일에 심통을 부리고
남자는 입이 튀어나온 채 자기 일만 했다
기온은 뚝 떨어지고 살갗이 튼다
옳고 그름이 무슨 소용이랴
두 사람은 지금 앞길에 놓인
흙이며 돌이며 나무며 불만의 덩어리를
닳아 작고 허름한 뿔로 치우는 중
무엇을 밀어 올리고 치우고 옮기는 데 능숙하다
말이 없다
머리가 뜨겁다

황룡재

이 산 계절색은 어디서 왔나

나이 마흔여섯에 어릴 적 엉덩이 푸른 반점이 같다는
늦깎이 색시 얻어 초봄 연두연두 뿜으며
괜스레 혼자 웃는 덤프트럭 뒤따른 적 있다

일찍이 부모가 이혼한 바람에 혼자 노는 맛을 알아버린
숨은 고갯길에는 진초록 바위틈에 앉아 듣는 빗소리
구부정히 얼굴 괸 허름한 뱃속
짐승의 색

막 굴러먹기 좋아 배웠다는 천직
들어앉지 못하는 성격에 바람처럼
애초부터 배움이 없는 터라 말이 거칠어 현장이 펄떡이는 몸부림
타히티를 그린 화가보다
색감은 원색이다

주저하거나 앞뒤 가리지 않고
적당히 가리는 체면 따윈 벗겨버리는 매운 뒤끝
그 꽁무니 따라다니면
본능이 숨 쉬는 밤이 있고
유쾌한 노래가 있다
오르고도 끝나지 않는 길 위의 고개
만나는 길마다 내겐 초행이다

항구

앞에는 바다다

진영 제우스 미자 만선 연화 용신 대한 해성호가 매여 있다

뒤에는
뱃살 두둑하고
앞치마 두르고
턱수염 주름 깊고
술 잘 먹고 욕 잘하고
욕심 많고
죽을 때쯤 잘해줄 걸 후회하고
사랑스럽고
이젠 돼지지도 않는다고

믿는 구석이라곤 무작정
별거 없는 배짱
그거 없으면 세상마저

끝

매여 있어도 일렁이는 이름들이 모여 이루는
테두리다

하루에 시 한 편

좀처럼
들리지 않는다

손으로 흔들어 보고
허릿심으로 들고
어깨로 밀어본다
힘이 부족한지
고집이 센지
다음 사람이 이어받아 안간힘이다

그들을 동료라 부른다

몸이 아픈 곳도 같아 쉬는 시간 서로 돌려 잘 읽는다

시 쓰는 일
우선순위에서 밀렸다

점심 식당 동료들 앞에

공손하게

숟가락 젓가락 놓아준다

진정眞情

열린 창으로 새가 들어왔다

떨어지듯 주저앉길 몇 번

산 하늘 바람이 보이질 않았다

오직 너만 존재다

네가 나갈 동안

눈은 붉어지고

가슴이 탔다

너와 나

열어두고 갇히는 관계

갔다 하여 끝나지 않는 마음이다

남, 녀

글쎄, 애들이 결혼한다하니
불러야 할까
서로 본 지 오래고 소문만 들어서

같이 살아도 멀고
떨어져 살아도 멀다

경유지이자 종착지인 생활에 가기로
사람들은 기다린다

'아들 장가가니 결혼식 날엔
와봐야 하지 않겠소?

썩을 놈
밥 처먹고 며느리한테 절만 받고
온다간다 말도 없이 가더라'

서로 간섭하면 깨지는

존재의 중간쯤
만난의 장소에
딸이거나 아들이 있다

남, 녀는
꿈속에 꿈꾼다
둘 사이는
꿀 먹은 소리를 곧잘 한다

누이

달 속에 실벌레가 살아서
누이는
등이 굽은 내 누이는
바닥 닦고 거울을 닦는다
외적에게 잡혀와 고향도 가족도 잊어버린
동지에 살짝 피다 앉은 마마 열꽃 세 개
쓰고 온 백광목 수건에 눌린
동백머리

밤이 밝다
그 빛에 들어가 갇혔다
그곳에서도 일이 많은지
살갗이 트고 눈꺼풀은 내려앉아
등짝에 검불이 달려있었다

바위에 불붙다

절박하던 꽃 다 졌다
쪼가리 비누로 빨래 치대다
베란다 아래 마른
수수꽃다리
아까워라
이렇게 불탔다니

머리 만지고 눈썹 그린다
도무지 변할 줄 모르고
답답하게 무겁기 만한 바위
아내에게
불붙었다
버썩
도깨비불 붙었다

힘

– 살아있는 돌 –

생명이 없는 어느 사막에선
막막한 돌이 끌고 다닌 삶의 긴 흔적이 있다

무겁다 미련하다 답답하다 죽었다
변치 않는다는 얼굴을 가졌다 말하지만

찌꺼기가 가라앉아 미세 분말로 죽은 호수에
제왕처럼 앉아
세상이 기울어도 움직일 줄 모르지만

말하지 말자

밤 낮
일 년에 한두 번
산맥을 넘어온 습기와
추위
돌풍이
그를 밀었다

생명을 주었다

생명은 뜻밖이다

비었거나 둥근

연못 위에 떠 있는 저 공은
한때

걷어차거나 헛발질에 빗나가는
땀 흘려 질주하는 본능이었으나
지금은 섞이지 않고
투명하고 차갑고 목직하게 잠긴 경계

떠 있는 달이라 해야 하나
근심이라 해야 하나
이파리는 낙엽이 되고
떠내려와 켜켜이 잠겼다

시간이 조용하게 거기
모였다 흩어지는 흔적

지나간 무엇이 남았을까
빈 주머니에 손을 넣자 소리가 한 움큼

아프다고만 말할 수 없어
공이라 하겠다

성왕길

백제 성왕이 정벌에 나선
최후의 길이었다

어머니는 아무리 애써도 살길이 안 보인다고
다 버리고 나온 길이었으나 스스로 발길 접은
처음이자 마지막 영토 확장의 길이었다

이 길이 아내에게는 고향이자 시댁 가는
여자의 길이라 싫다 한다

어둡고 아득하여 애써 외면하는
왕의 길

은밀하고 예측 불가능함에도
표지판과 과속 방지턱이 있고

그 길에는
꽃이 만발하고 부드럽게 굽이지고

완만하게 계절이 온다

오랫동안 넘고
너머에 볼 수 없는 도착지가 있다

* 성왕길은 대전에서 보은까지 가는 지방도로 중 옥천 구간에 있다.

눈썹을 뽑다

최종 면접시험에서 떨어진 딸이 서운한 마음 달래러
친구네서 외박한 아침시간
아름다움에 몰두하는 TV 프로그램을 본다
고른 치열 오뚝한 코 쌍꺼풀한 눈이 매혹적이다
저 배우는 뻐드렁니였었는데
저 남자는 볼이 좀 갸름했는데

키 작고 처진 눈에 비틀린 치아를 가진 딸이다
1차 면접까진 엄마 아빠 고생 끝이라 했던 자신감이
늘씬한 미남 미녀들 틈에 서자 다릿심 풀리고
영어 면접에 순간 또 당황했다는 아이
탈락을 확인한 순간 울고불고하여
아직은 애비 품에 더 있으라는 뜻

아침 출근길 버스정류장은 꽃밭이 된다
세월에 익어 갈수록 본성이 잘 드러난
광대뼈 깊은 주름 세상모를 것 없는 굴곡의 지혜가
흐르는

명자 목련 채송화 봉선화

초리 없는 내 눈썹 닮아 볼품없는 아이
늦은 밤 책상 거울 앞에
눈썹 뽑고 있던 모습이
꽂혀 들었다
상처가 꽃씨로 들어앉는

옥수수밭에 숨은 저녁

꼿꼿하고 늠름하게 숲을 이루어 품으로 파고드는 일이 많았다 쫓겨 숨는 도적과 그를 찾는 군사들의 숨소리는 날카롭고 뙤약볕 줄 세운 학생들과 연설하는 교장선생님 말씀 너울거린다 유난히 땀이 많았다는 주변 이야기와 함께 일사병으로 푹 쓰러져 눈만 말똥거리고 묻는 말에 대답도 못하는 사람이 있었다 발치에서는 이제껏 보지 못했던 돌이 드러나고 태양을 뚝뚝 분지르는 소리가 부질없는 저항처럼 들렸다

흙속으로만 다녀서 눈은 퇴화하고
수줍고 먹먹한 툇마루
달뜬 옥수수밭

남은 빛이 가득 밝다

장마

내가 가진 무엇을 더 꺼내 놔야 하나요

겸손하게
당신이 세상에 오실 때는 새가 날지 않고
사람들은 하던 일 멈춰
다가오는 소리 듣습니다

대나무 숲은 고요하고
부풀리고 세운 깃 잦아듭니다

어찌나 세차게 몰아세우는지
울고불고 하였지만
나도 발목이 젖었습니다

욕심 부리고 쌓아놓은 속내
줄줄이 꺼내놓습니다

제2부

공장

아무도 출근하지 않아 육중한 철문입니다
건너편이 잠잠합니다
깊이 외로웠는지 지문이 찬 서리 찰싹 달라붙습니다
열쇠 부딪히자
앵두나무
참새 폭죽

주머니에 손 넣고
뒷짐에 여기저기 눈길 주며
하나 둘
허겁지겁 따라 들어옵니다

와 쏟아지는 명랑한 인연이 좋습니다

자화상

이름을 부른다

옹알이하고 몸 뒤집을 때
길거리에서 이유 없이 떼를 쓰고 울고 있을
화내고 고집부리던 당신

도무지 풀지 못할 방정식을 풀어보라는
그대의 이름
방문 닫고 움직이지 않는 그대를 부른다

친구가 부를 때의 목소리로
좋아하는 사람이 부를 때의 목소리로

우두커니 홀로 있을 때의 이름
밥상머리에 둘러앉아 있을 때의 이름
새벽에 나가서 여태껏 집으로 가지 못하는 그대 이름

부르니 또한 내 이름이라

그림자 지우니 어둡다
희미하게 고독하게 무표정한
자화상이다

여보게, 밥은 잘 먹고 있는지
용기 잃지 마시게
잘 견디시게

별빛시간

이불 젖혀 늦겠다고 깨우던 햇빛은
지금도 8분 19초가 부지런하고
1분 3초 전에 퇴근을 서둘렀다는 달빛은
마음이 조급하여 늘 어깨에 짊어진다

직녀 나이는 26.5년
떠꺼머리 견우 총각이 16.5년이라니까
성격차이로 그간 집안이
시끄러운 것도 당연하다

어찌 살았는지

북극성이 1천년 걸려
마을 느티나무 아래에 도착하였다

얘야, 자전거가 왼쪽으로 넘어질 것 같으면 오른쪽으로
오른쪽으로 넘어진다 싶으면 왼쪽으로 핸들을 틀어
아빠가 꼭 붙잡았으니 똑바로 가봐

몇억 년이나 걸려 지구에 도착했을지도 모를
별똥별이 빛 긋는다
영원은 순간이 되고
자전거에 손을 놓은 순간은 영원으로 갔다

산달, 2월

대숲을 뚫고 화살이 박혔다
열린 문구멍 뚫린 창이 없었다
살대에 초록이 스쳐 묻었다

아이들이 소리치며 동산에 오르고
얼음 섬은 슬며시 떠올라
돌부리 부딪고 떠나간다

작년하고 키가 같은 노간주나무
서글프다는 듯 팔짱 끼고 어깨 움츠리며
오늘은 무얼 끓여 먹나
바람 든 무 구덩 앞
조바심하는 엄니 같다

푸석하고 윤기 없는 얼굴
산모의 시간
모두들 제 몸에
나이테 하나 그려 넣고

입춘 정월 우수
몸 풀 날은 며칠이나 남았나

고운 사람에게 물어볼 말

겨울동화

참새 떼 버드나무 벗겨진 우산살 아래 모여들어
사람들 눈 피하며 벌인 애정행각 들까분다
날짜를 잘못 알고 찾아온 고양이는 부끄러워 눈도 못 맞추고
급하게 담장을 넘는데 박주가리
다시 꼭 오라고 식권을 가슴에 붙여 주었다
배움이 높다는 잣나무는 낭랑한 목소리로 꼭대기 잣을 두고
어떤 어려움이 있더라도 부부는 함께 딸 수 있겠느냐
꽁지 잔뜩 내리고 멍하니 선 회색 왜가리야
삶이 고단하고 알 수 없다 지레 걱정 말어
너도 이만큼 잘 살았지야
느린 우체통에서 꺼낸 편지를 당일 전에는 배달해야 한다고
배달부가 턱수염 하얗게 도착했다
북적대는 소란 틈바구니에 난 뭘 할까
따신 물이라도 건네야 하지 않을까

좋아한단 말 한번 못하고 불쑥 받은 청첩장
아는 처지에 모른 척 할 수도 없고 옆 동네 누렁 소야
함께 갈래?

귀엣말

창고를 활짝 열자 향기가 쏟아진다
차곡차곡 쌓였던 향기
참았다 일시에 무너지는 금욕이
발등을 찍고 가슴팍 밀어 쓰러뜨린다

칼을 꺼내야지
벽에 걸린 근육을 깨워야지
저수지 얼음 부러지는 소리 들렸으니
진흙 묻은 신발 댓돌에 털어야지

바닥에 더께 진 찬 기운 쓸어내고
심장에 고인 서슬 퍼내야지

산밑 귀퉁이 콕, 거기서부터
밀고 나가면 얇고 부드럽게 깎이겠지
향기는 더욱 짙게 나고
어깨 기대던 초저녁 별 하나 넣고 묻으면
어떻게 지내왔는지 밤새

귀엣말 하겠지

장미식당

11월,
냉담한 담장에 목을 내밀었다

불은 켜져 있으나
수저가 떨어지고 물컵이 탁자에 부딪는 소리
들리지 않는다

무리에 피어야 아름답다는
불빛 숲
한편에서 다듬는 녹색의 채소

쇠가 녹슬고 담장은 핏줄이 터져
경화된 계절

마지막 낙엽으로 떨어지고
떨어져 흐름이 서글퍼 밤을 지새운다

근원으로 거스르는 생각

바다는 강으로 내로 도랑으로
어떤 웅덩이에 이르러
다시 피게 하는 불세출의 격문
장미가 늦은 밤에 핀다

잣나무를 기리다

바람이 그를 거두어 갔다
철공장 벽과 담장 사이에
이방인의 첫 가을에 잣을 내주던
호의를 거두어 갔다

기품 있게 가지 늘어뜨리고
바람의 선율 골라 빗질 같이 가름한
여름 오후도 거두어 갔다

주변 없이 혼자였다
새가 앉아 울다 갔고 땅벌이 집 짓고 살다 솔가한
폐가 한 채
문패처럼 달았다

무엇이 상처가 되었는지
삶의 진물 여기저기
끈적하다

그를 기억할 수 있는 이름이 없고
신분이 없는데
바람이 거두어
비스듬히 기대어 놓았다

꽃은 무더기로 지고
선善은 뿌리가 약해 바람에 졌다고
그런 말도 하지 않았다

고목

뭐 볼게 있다구 자꾸 보는 겨?

가슴은 처지고 삐진 옆구리 살
말이나 말아먹지 말지
거추장스러움은 곧잘 벗어던진다
팔뚝은 굵어 어지간한 살림
부탁하지 않는다
고운 데라고는 하나 없는데
자꾸 본다

이따금
새 달 구름 푸른 이파리
머리핀 꼽는다
부조화가 파격이자 매력이다

무심한 척 골똘하다

잔뼈

공장 마당 깨진 틈새 풀
뙤약볕에 모질다
바닥 움켜쥐어 뽑히지 않고 끊어지는
악다구니
벌렁 누운 휴식 시간
휴대폰 사진 몇 장 넘기다 말한다

괜한 데 힘쓰지 말자구
그도 이 바닥에 터 잡은 식구
다 틈바구니에 굴러먹어
잔뿌리가 깊어

앞뒤 살펴 긴장하게
정신줄 놓으면 일은 한순간
틈새 움켜쥐는 손바닥

현장은
잔뼈가 굵다

어느 해 곶감

그만 못 볼걸 보고 말았네
영암 태생 감 작목반 엎어진 몸 위로
트랙터가 날 세워 지나가는
오들오들 사지 떨던 호랑이
문무충효절 오상오절五常五節이라는 우러름이 엎어졌네
노동이 엎어졌네
그날 대봉시 두 상자 샀네
싼값이 좋아라 샀네
썩썩 깎아 양지와 바람에 고면 달다고
난생처음 호사 누려보겠다고 점심 굶고 깎았네
강원도 배추 충청도 고추 전라도 양파 제주 밀감 경상도 참외
번갈아 엎어졌네
목숨이 엎어졌네

난 무지랭이 밀고자
생각도 변명도 없이

기회로 팔자 고치지도 못하면서
헐값에 깎아 널었네
당당하게 눈빛이라도 살아 있으면 좋으련만
좋은 시절 다가서지 못하고 야속하게 엎어진
일흔 몇 서울 노동자로 아직도 은퇴하지 못하는 누이 매형
쪼글한 손등 얼굴 같은 곶감
기껏 스무 남짓 서울로 보내네

거울과 음지꽃

산길 폐목에 걸린
거울이 비스듬하다
변화무쌍한 구름이며 꽃과 새들
이제 아픔과 배경을
담지 않는다

이 자리가 서늘하다

해가 들지 않고
무엇이든지 묻어둠이 익숙한 그늘

십자가조차 구원받지 못하여
최후에 쏟아내는 호흡같이
고민 끝에 내린 결론 같은

반짝꽃 피었다

버섯꽃 피었다

산허리에서 마을 보며
고통이 투과한
고요한 색
촉촉한 색으로 피었다

그곳이 우묵하다

길 우묵한 곳

저 얕고 울퉁불퉁
깊이를 채우던 한줌 흙
비에 쓸렸다
발뒤축에 묻어갔다
낯설게 밤 걸어간 발목

묻어가고 패인 곳 다시 무너지고 패이고
바람 좇아 별 따라
수숫대 일렁이며 붉었다
해가 바뀌면 또 다시
살뜰히 씨 뿌려 거두는 생각했다

죽지 않고 오래라는 말이 두렵다

깊이 고이지 않는 일과
자주 잊어버리는 얼굴

주체하지 못한 이름들이
고였다 튕겨져 나가며 깊어진다

덜컹
뒤집혀 섞이거나
제자리 잡게 하는

깊지도 넓지도 않게 담아내는 자리
우묵하다

큰 일꾼

애 터지게 꼭 한 발짝 앞서 달려간다
아주 멀리 떨어졌다면 나는 나대로 갈 테지만
절에서 치는 아침 종소리 같은
귀로 들리나 몸은 아닌 만큼의 거리

앞서 달려가는 저 등짝
힘을 내 앞서보지만 이내 되돌리고 마니

여보세요
뒤돌아보지 않으니 부르지 않았다

그는 꼭 손바닥에 마른 열매 몇 내놓았다

주인은 지난해 가을 산에 묻혔고
감춰둔 상수리는 썩었다

그가 하는 일을 따라가기 벅찰 때 많다

농담弄談

봄 냉해 여름 폭염 가을 장마
다 잘 견뎌낸 들판에
낚시 물린
큰 새매 연鳶

참새야, 참 미안한 일이구마

제3부

아침

마음을 두지 않는 가까운 곳이었다

아침에 작고 반짝이는 검은 눈을 가진 새는 그곳에서
맑고 따뜻한 자세다

나는 다짐했다

당분간
자리는 가려 앉고
자세 바르게 하며
좋지 않음은 듣지도 보지도 말며
마음은 덕으로 다스려
진중함에 애써야겠다

굴뚝투쟁

무리가 날아간 자리에
오리 한 마리가 남아
얼음길 배 밀어 닦아내고
오체투지로 왔다

보금자리는 항상
추운 곳에서 추운 곳으로 오고 간다

누구 한 사람 털장갑 신발 한 켤레 마련하여
배웅도 환영도 하지 않았다

앉았던 자리는
맥이 뛰는 혈자리
빛나게 하는 영혼 한 점
티끌 같은
풀이며 나무 조각이며 녹슨 철사로 엮은
잘박잘박 살얼음 소리가 있다

사백이십여 일 가슴으로 데운
발등의 알
장엄하고 거룩한 풍경은 날아가고
애타게 졸이고 바라보는
추운 곳에서 추운 곳으로 왔다

일어선 자리마다 얼음알
온기가 남는다
흰 뼈가 남는다

한 배

네가 올 땐
태몽으로 와서
무작정
한 배를 타자고 했었지

미우나 고우나
꿈으로 가자고

정작 같이 가지는 못하고
저 배

꿈에서나 타야지

그땐 온전하게
한 몸
그래야 이별도 슬픔도 아픔도
엷어지겠지

좋을 때나 나쁠 때나
한 몸으로 타야지

전복

풍랑의 흔적이다
이상 기온으로 더워진 물
온몸으로 맞은 주름이다
참고 견디는 것이 일생이나
깊이 참았다 쉬는 숨구멍
세상 두렵게 하는 난기류 태풍의 눈인지도 모른다
마른 몸피 눈물은 많아 아 벌린 입
껍데기는 단단하여
해조와 갑각류 식솔 등에 지고 느릿느릿
암초 더듬고 손닿으면 일순 몸 움츠린다
바다 속 진주무늬 물결 새기며 살아간다

가을비

댓돌에 벗어 놓은 하얀 고무신
긴 목 가슴에 묻은 물새의 눈
늙어 시동이 잘 걸리지 않는 농기구
장독 뚜껑에 수평으로 담기는 말
부산한 아침 말끔히 씻어 놓은
사기그릇 엎어져 있고
묵은 장롱에 개어 놓은 좀처럼 펼쳐 쓰지 않는
아내의 목화 이불 한 채

말로 전하지 않는 작별이
조용히 낮다
사포로 문지르면 나타나는
쇳빛 같다

나비매듭

집을 나서기 전
신발 끈을 묶고
옷자락 한번 터는 이유에는
만날지 모르는 그대를 위한 기도가 있습니다

만나서 인사하고 안부를 묻고
식사를 하며 가벼운 일상의 이야기가
돌멩이 하나 던져 쌓은 탑이 되고
발꿈치 닳아 완성하는 길입니다

그사이
잠깐의 침묵도 있겠지요
당신을 알기 위한 호흡일 것입니다
공기 속엔 향기가 섞이고
체온이 건너와서 몸에 따뜻한 피가 흐르게 합니다

왼발 발등이 높고 오른쪽 볼이 넓다하나
역 팔자걸음과 엄지발가락에 굳은살 생기는

원인불명의 버릇이 있지만

당신이 먼발치에서 나를 본다면
어쩌나
태아가 손을 쥐고 있듯
욕심이거나 슬픔이 아닌
다만 오랜 기원의 몸짓입니다

신발 끈을 묶을 땐 나비매듭 입니다

고추

싱싱한 유혹에
덥석 물었다

사납고
야무지고
독하게

차갑고 냉혹해서
눈물 쏙 빠지도록
얼얼하다

그렇지 않으면 쳐주지 않더라

잘 말라
귀지같이 달그락 거리는
빨간 유혹

화려한 독이다

버드스트라이크

투명하여 나는 착시한다
날아가 부딪힌다
극단의 유토피아

알을 품고 솜털 새끼가 커서 걸음마하는 시간들
지저귀고 배설물 멀리 버리는
먹이를 물어 나르는 노동이

솔부엉이(631마리), 황조롱이(489마리), 멧비둘기(447마리), 직박구리(433마리), 소쩍새(358마리), 집비둘기(320마리), 수리부엉이(228마리), 새매(225마리), 까치(220마리), 큰오색딱따구리(189마리), 말똥가리(187마리), 참새(185마리)*

부딪혀 떨어진 이름이다

* 신문기사를 인용함.

불두佛頭

데굴데굴 굴러 머문 얼굴입니다
몸은 떨어지고
내동댕이쳐진 고통인데도
웃고 있습니다

'나 이렇게
 꺾이고 죽임을 당하였다'

막막한 상처 꺼내 놓고
스스럼없습니다

그 앞에서 신기한 듯 사진 찍고
가장 행복한 표정을 지었습니다

믿음이란
떨어져 깨진 머리가 아니라
다시 일으켜 세우는 손길
웃음의 뿌리

태어나서 지금까지
수많은 나의 기도는
무효입니다

* 태국 아유타야 사원에 나무뿌리가 일으켜 세운 불두가 있다.

청양댁

문밖 한 발짝 나가지 않아도
혼자 단단하고
노랗게 빛났다

물정 좀 안다는 사람에게는
앞뒤 순서 뒤집고
시작 끝이 어딘지 모른다고
구박만 받았지

약지 못하고 순종만 할 줄 알아서
몰라도 너무 모른다 했다

어미나무에서
한 발짝 먼 곳에
딸 아들 키우고 여우며
들깨 베어 밭둑에 널어놓고 갔다

평생 바깥 구경 한번 안 하고 살다 가지만

동네
감은 달고
들깨 내음 가득하다

매미

네 울음에

내가 깨어서

범람하여

목젖까지

찰랑이게

절정이

울음

아니더냐

가난하다하여

겸손한

사랑이

오지 않더냐

창벽에서

백제百濟로 들어는 길이 맑다

소란을 잠재우고
큰길이
낮고 조용하게

너그러움이 너무 많았다
염치 겸손 양심 기개는
아직 살아있는가
묻는다

마음의 서쪽

추위와 가축과 도랑물 바람과 모닥불과 연기
삭은 젖 썩어가는 감자와 현이 두 개인 악기
그 속에 세상 모든 것이 다 들어 있고
다 가진 것이어서
어디에도 속하지 않는 흐름이어서
울림은 현에서 별 많은 밤으로
존재였던 것은 전설로 이어지고
이방인이 찾아왔을 때
스스럼없이 방으로 들이고 반가워
춤도 추고 노래하는
번성한 마을도 국가도 없이 다만 살다가 가고픈
가난이 있다

제4부

밤에 금석문을 읽다

그 많은 배움과 너그러운 유추의 해석에도
이제껏 완벽하게 재현된 적이 없다

딸은 딸대로 아내는 아내대로 모로 누워 자는 밤
같은 시간 다른 꿈

내시경

살아온 만큼의 길은 어땠을까
잘 살아왔을까
불안과 기대의 시간과 거리

누룩뱀이 스르륵 몸을 타고 조인다
막막하여 진저리 치고
헛구역질과 마른 눈물이 난다
부모형제가족동료친구
가까운 사람들을 떠나
돌아보게 했다

그득하게 채우는 저수지라 여겼다
촉촉하고 미끈거리는 붉은 그곳이 말라
띠를 이룬 몇 겹의 흔적이 있었다
몸이 꼬이고 홧홧한 지난날
뿌연하고 더듬거리는 내일이
비굴하고 느글한 현재가 뒤섞이는 곳으로

그토록 갈망하던 바람과 별
반짝이는 이파리들은 없고
허기만 생산하는
빈 곳

어느 곳에 있지 않으며 어떤 것도 허락하지 않으니
내숭의 서식지였다

부고, 히말라야

마지막 산이 죽었다
마루를 뛰어 넘고
흰머리 절제된 옷자락 날리며 찬바람으로
순간순간 내려왔던 신앙이었다
신앙은 거칠고 높아 희박한 공기로 호흡하는
고독이었다
고독은 열병의 이마를 가졌고
말씀은 눈사태로 밀려왔다
뜨거운 이마를 손바닥으로 짚어주며
어둠속에 눈을 뜨게 했다
차가운 산이 죽었다
쓰레기에 묻혀 죽었다
위대하고 존엄하다는 의지에 밟히고
오염되어 죽었다
오만한 신념이 길게 늘어서고
동료의 사체를 버리며 미명에 넘어간다
욕심이 산맥을 덮었다
급기야 산이 투신하였다

깊은 위엄과 무게 절대는 녹아 폐수가 되고
돌 속에 시신이 묻혔다
순수가 죽었다
삶과 죽음의 근원이 사람에 밟혀 죽었다

플랫폼

암흑 속에서 한줌 빛은 극적인 장면을 연출한다
밤 공원에는 손바닥에서 밀고 열어젖히며 찾는
밝은 빛의 마술사가 있다
숨어있던 오토바이가 급하게 뜨고
외발 바퀴가 화려한 빛을 발산하고 입장한다
마술사가 사라지지 않는 마술보다 이 무대에서는
마술사가 사라지는 게 극적인 연출
깜짝 죽었던 보안등이 켜지자 무리를 이루어
빛으로 뛰어드는 목숨들이 경이롭다
얼굴 환하게 비추는 빛들이 빛을 찾는다
깜박거리는 숨을 발산하고 잡아채는 순간 공원이 사라진다
빛은 동네를 벗어나 다리를 건너고 낯선 동네에 가고
골목을 다니면서 불을 켠다
동선이 생략된 어둠에 관객은 바쁜 몸짓을 볼 수가 없다

최후의 마술은 하늘에 총총한 별점을 얼마나 따냈는지

주머니 열어 웃음도 표정도 없이 혼자 보는 마술
아마도 마술사의 집은 사람이 있거나 없거나
밤이나 낮이나 빛이 켜지지 않아 비밀만 꽉 찼으리라
비밀은 시작이자 끝인 무대 뒷모습이리라

대추

제사상 오르고 한약 달일 때나 쓰던 대추가
연산 가로수로 자란다
봄꽃 다 진 눈꼽재기 꽃이라 저래 늦어 언제 익을까 싶고
씨알도 마디게 굵어 애간장이더니만
참 많이도 열었다

또래의 사람들은 다 대추다
육 남매 팔 남매는 보통이고
열 남매 열두 남매 중 몇 째라는 소리 심심치 않다
많기가 바글바글

낙과도 많다
낳은 지 백일도 안돼서, 예닐곱 멱 감다 죽고
나무에 놀다 떨어져 불구가 된 식구들이다
세파에 젖고 나이 들어 웬만한 흉허물이 한 얼굴이다

바람도 없이 지나는 끝 여름

툭
바글바글 첫 배가 떨어졌다
점심 먹은 지 얼마나 됐다고 저 친구
냉큼 주워 똥배에 대고 쓱싹

반 붉은 대추다

가람레코드

양 방향 거센 흐름에 부대끼며 지나가는 도마 네거리
흔하고 고만고만한
지나치기 쉬운 가게
한 삼십오 년 깜빡이는 형광등 같다

박복하게도 칠 남매 중 여섯째 여자애가 공부가 다 뭐냐
철지난 말로 피어 봤자 뒤웅박
그 쉽지 않은 말
꺾이고 틀어진 물줄기 늦도록 켜놓고 있다

흐름 속의 물고기 또 다른 흐름을
창밖으로 지켜봤다
비늘이 떨어진 모습 잘못 문 먹이로 찢겨진 입
부레 기능 이상으로 제대로 흐름 타지 못하는 병
치유하는 유영은 작고 파장이 없다
닥터피쉬

천성이 곱다 아니 결핍이 천성을 바꿨을지도 모를 일
간판 불이 마침내 밝다
늙어가는 도시 귀퉁이를 동전 한 닢 두께로
수평으로 괴고 있다

개뿔

찬물에 밥 말아먹는 점심이라도 먹자
낯 두꺼운 얘기하다 요즘이 어느 때인데
삼시세끼 다 찾아 먹으려 해
그러면 뭐 하러 시집 장가 자식 낳고 궁상떨어
속 편히 혼자 살지
내 말이 그 말여 뭔 도깨비방망이가 씌였다구 그 짓 했나 몰라
107동 집은 얼마나 좋아
처녀로 좋은 직장 다녀서 돈도 착착 쌓았겠다
맛있는 거 먹고 싶을 때 먹고
예쁜 옷 철철이 명품으로 사 입고
늙은 엄마 데려다 가끔 해외여행 같이 가
조카애들 용돈도 팍팍 줄 수 있는 능력 있잖어
내가 등신여

달그랑 째그랑 개수통 앓는 소리
주둥이 쫑 내민 병꽃에 일벌이 꽃가루 염탐하는데
그 집에 요즘 남자가 들랑거린다

얼마나 좋아 젊어 즐길 거 다 즐기고
딸린 새끼가 있나 입성 좋아 보여
처지에 걸리적거릴 사람이 있겠어
늘그막에 단 둘이 신혼이라 단맛이 꿀맛이지
그거로 보면 요즘 애들은 현명한 겨
구차스레 시집 장가 뭘 가
해도 후회 안 해도 후회?
개뿔, 후회는 무슨 놈에 후회!
딱 저 집같이 쉬이 살면 돼

고모

눈이 왔으면 좋겠는데
충청북도 보은 삼산에서 죽전
남다리 건너는 아버지 6남매 중 막내 고모가
친척 피붙이들 불러 모았다

지금은 없어진 보은극장 앞 소방 철탑 망루
6·25 전쟁 때 뒹굴던 포 탄피로 만든 것 같은 종 매달아
옛날 그랬던 것처럼 불나면 급하게 연달아 쳐서 소방수 부르고
상의할 일 있으면 삼 음절 종을 쳤다

사건이 있을 때에만 때리던 종대
작게 보이던 종지기는 누구였던가
철 사다리 폭이 넓고 높아 무서운 종루
진눈깨비 날리는 날 사람들이 모였던 일이 잊히고
더구나 거리를 기억하는 이들도 잊히는 날
고모가 종대에 올라 종을 때렸다

나와 세 동갑내기 국어책 잘 읽던 내종 간 고모 아들 재형이
꾸물럭한 눈으로 날 맞이하고
공사판 문에 찧어 손 붕대 감은 사촌형 기용이 엎드려 절하니
총기어린 눈빛으로 니들 한자리에 참 오랜만이다
치마폭에 숨은 제비새끼들이더만

종명이네 두부공장 돼지 키우는 엄마따라 순물 받으러 다녔다 본
가축시장 난전 차일치고 국수 팔던 고모
예쁜 꽃씨 봤냐 비듬 끼고 말라야 다음 기약한다는
맺히면 떨어지고 흩어져야 서로 산다는
오물오물 함축한 말씀

남산 밑 겨울새야 어쩌냐
영영 떠나시며 우릴 불러들이는 저녁

마른 솔가비라도 한 지게 지고
궁실궁실 매운 연기라도 피워
이 추위에 몸 녹여 가시라고 해야 할 텐데
죽전 봇도랑 잘 건너셔야 할 텐데

자살

오래된 나무 앞에 서면 사람은 작고 겸손해지는데
오백 년 버드나무

병은 깊고 오래여서 커다란 구멍이 생기고
제 무게도 감당하지 못하여 팔이 부러졌다

좋아하는 물 쫓아가다가
논에 담아 놓은 물에
질식해 반편이 썩고
속은 물러 쓸 데 없이
구멍만 키웠다

불쑥 솟아오른 쓴물과 터지는 열화가 있어
혼자 앓다가 스스로 버린 가지가 많았다

달 값
- 권세혁 초대전 MOONLIGHT 이성과 감성사이 -

백화점 7층 좁은 골목 벽금고에 감춰 두었다기에
잡부가 훔쳐왔다

황금달 분홍달 사춘기달 곰보달

두 칸 독채에 세 들어 살던 빵기쟁이 큰형 내외와
누나 중학생 여동생 틈바구니 속 달
나가서 자고 오던 날의 머리 손빗질 버릇이 그대로인
달지기 백색달
부드러웠거나 온전했던 표면
일 저지르고 감당하지 못하여 급하게 불 끈 분화구
빛 탕감을 기원하며 마구잡이 충격으로 종 때리던
불콰한 달이다

도대체 이 달의 가격은 얼마인가
바탕에 수 없이 그려지고 덧칠해진 생각과 색깔이 넉
넉한
고무래로 골고루 뒤집어 말린

둥근달이다

누워서 보고
올려다보는
혼자이면서 여럿이 보는 달
값을 치르지 못하여
훔쳤다

난독

이제 학교도 난장판이다 선생 되는데 돈 내야 하고 낸 돈은 할부로 수금하는데 절반쯤 수금하면 그때가 퇴직이다 교단에 서면 애들이 다 안다는 듯 선생이 뭐가 힘드냐 세상 이치가 그렇지 않냐 어려운 얘기 하지 말란다 공부 잘하는 새끼들 서울대 연고대 가봐야 찾아오는 놈 없고 나중에 걔들은 혼자만 잘산다 판검사 비서관 고급 공무원 뭐 대기업 임원? 말은 딸린 직원이 몇천 명이라지만 세상 조지는 놈들이고 백성 짜 죽이는 법 만드는 놈들이지 한다는 짓이 땅 투기에 권력에 붙고 사람들한테 사기 쳐 제 배만 불리잖아 더도 말고 딱 요즘을 봐봐 선생한테 존경어 쓰지 않고 맘먹었던 애들 걔들은 학교 졸업하자마자 편의점 알바 노동판으로 내던져지지 부모한테 물려받은 거 없고 부모도 뭐 줄게 있어야지 그런 애들을 두고 방학 때 되면 선생들은 다 외국여행 가 말 그대로 광야에 버려진 거야 치받던 기백은 없어지고 몸으로 그냥 때우는 거지 놈들이 성공하면 동문회도 잘 나오고 친구도 많아 인사도 잘 와요 돈 벌었다고 빼기면 역겹다 할 일 아니야 그놈들이 진짜 사회를 먹여 살려

직원이 이삼십 명 몇백 명 되는 각자에 딸린 가정을 생각하면 어깨가 무거워 죽겠다고 너스레 떨지 이놈들 이 빼했어야 했지 학교도 망해야 돼 공부 잘한 애들 죽어라 가르쳐봤어야 지금은 아무것도 아니야

밤눈

사방으로 있던 장애물과 굴곡진 사연은 가려지고
당신과의 거리가 가까이 느껴집니다

그동안
땅속 마늘이 자라고
겨울보리는 푸르렀지만
한 목소리로는 부족한 부름이었습니다

아득하여 생각지 못한 곳에 계시지만
밤새 깜짝
오작교가 놓였습니다

하도 좋고 급하여
발자국조차 남기지 않습니다

도꼬마리

봉분 귀퉁이 헐었던 괭이 건네받고
삽질 때마다 반질거리며 바삐 달아나는 벌레 보고
조상이거나 조상을 여태 모신 효손이라더군요
최후의 냄새를 소주에 소금 안주로 탈취하더군요
몸은 깡마르고 땀에 젖은 반백머리는 헝클어지고
이런 일 많이 해본 경험으로
어느 현장이나 낯설지 않다더군요
일당이나마 봉투에 담아줬으면 좋았을
삐죽 주는, 두 손으로 받더군요
나도 죽걸랑 자식들이 셈을 못해 찾지 못하는
윤년 윤달에 죽었으면 좋겠다더군요

도꼬마리
옷자락에 붙어 먼 데까지 따라왔다고 말입니다

풍경은 젊다

꿈이란 영원도 아니고 실체도 아닌
아득하고 잡을 수 없이 가벼워
탁란을 하였다

그때부터 어미는
바람이 사라지고 산이 사라지고
그늘이 사라졌다고

스물두 살 한참 좋을 때
혼자 된 엄마는 그때부터
봄이 단절되었다고
어린것이 경련이다

가만히 볼 수만 없어서
봄이란 인정
제일 먼저 할머니가 오고 이모가 오고
아주 오래전에 죽었다는 할아버지가
쏴아 소리로 채워준다

이 골짜기

저 골짜기

서늘한 듯 더운 듯

젊은 말

풍경은 젊은 모두의 말

찹쌀 한 되, 팥 한 줌

그리 많이 필요한 게 아니었다

차고 넘치나 찰지지 않을 때

끈끈한 밥이 되고
추스르는

찹쌀 한 되, 팥 한 줌

[해설]

진정(眞情)의 삶, 진정(眞正)의 문학
- 김규성의 시세계

김현정(문학평론가, 세명대 교수)

1

김규성 시인의 『뜻밖이다』는 『막춤』이 출간된 지 5년 만에 나온 세 번째 시집이다. 그의 두 번째 시집 『막춤』이 첫 시집 『날짜인을 갈면서』(2004) 발간 이후 11년 만에 나온 것을 감안하면, 시집 발간 기간이 많이 짧아졌음을 알 수 있다. 지천명을 지나면서 시인 특유의 맑고 따뜻한 시선에 포착된, 그리고 고단하고 굴곡진 인생에서 생성된 시적 자산이 그만큼 많아졌다는 것을 의미하는 것이리라. 『막춤』에서 '지금 여기'를 살아가는 민초들의 다양한 모습을 따뜻한 시선과 간절한 마음으로 형상화한 것처럼 시인은 이번 시집에서도 세상의 그늘진 곳에서 살아가는 다양한 군상들의 모습을 여전히 보여주고 있다.

다른 점이 있다면, 타자의 삶을 응시하던 시선에서 시인 자신의 삶을 투시하는 방향으로 일부 옮겨온 점이다. 원거리에서 타자의 삶을 포착하는 것이 아니라 자기 삶의 반경에서, 근거리에서 시적 대상을 포착하고 있다. 시 「실크로드」, 「황룡재」 등에서 두드러지게 보인다. 그리고 '뜻밖이다'라는 제목이 수록된 시의 제목에서가 아닌 시의 구절에서 가져온 점도 앞의 시집과 다른 점이라 할 수 있다. 시인은 생명이 없는 사막에서 시집의 제목을 찾는다. 일 년에 한두 번 찾아오는 습기와 추위, 돌풍으로 인한 돌의 움직임을 통해 "막막한 돌이 끌고 다닌 삶의 긴 흔적"을 발견하게 된다. 그리하여 그는 "생명은 뜻밖이다"(「힘-살아 있는 돌」)라는 것을 알게 되고, 나아가 모든 것들이 운명론적인 것이 아니라 '생각이나 예상을 하지 못하는' 뜻밖의 것임을 깨닫게 된다.

'뜻밖이다'라는 시선으로 보면 세상은 많이 다르게 보인다. 이순 가까이 살아오면서 시인은 세상에 녹록한 것이 별로 없음을, 인과관계에 의해 필연적으로 다가오는 당연한 결과가 거의 없음을 터득하게 된다. 아이러니하게도 세상을 알면 알아갈수록 알 수 없는, 미지의 세계가 더 넓고 깊어짐을 느끼게 된 것이다. 그리하여 시인은 '뜻밖의' 시선으로 세상을 관찰하기 시작한 것이다. 그러다 보니 뜻밖의 시선이 자연스럽게 '뜻 안'의 시선으로 바뀌게 된 것이다. 이러한 역발상을 통해 시인은 '뜻밖의' 모든 일들을 감싸게 된다. 우리가 모르는, 경험하지 못했던 일들을 충격으로 받아들이는 것이 아니라 충분히 그럴 수 있을 법한 것으로 수용하는 것이다. 생명이 있는 것들뿐만 아니라 무생물까지도 말이다. 이러한 인식의 변화는 다름 아닌 모든 사물을 '왜곡되지 않은 참되고 애틋한 마음'으로 보려는 진정(眞情)의 삶과 이를 '참되고 올바'르게 보려는 진정(眞正)의 문학을 추구하였기에 가능할 수 있었던 것이다. 그의 세 번째 시집 『뜻밖이다』에 시인이 포착한 고단한 현실을 살아가는 민초들의 삶과 그들을 감싸는 수많은 대상들에 대한 풍경이 고스란히 담겨 있다.

2

요즘 민초들의 삶은 고단하기 그지없다. 경제가 어려울수록, 코로나19 같은 감염 질병이 확산될수록 그들의 삶은 더 팍팍하다. 사회적, 개인적 위험 부담의 가중으로 인해 일자리가 줄어들게 되고, 수주를 받은 일마저도 형편이 어려운 이웃일수록 부대끼며 서로의 힘을 모아야 하는데 거리를 두어야 하는 어려움에 봉착하게 되었기 때문이다. 이중의 고통에 시달리고 있는 것이다. 시인은 이러한 고통

속에서 일하는 민초들의 고통을 애틋하고 따뜻한 시선으로 목도한다.

중국 중원에서 타클라마칸 사막 파미르고원
중앙아시아 초원과 이란고원 지중해까지

실크로드 장구한 길에 금은보화와 인물들 알지 못하지만
길 위의 사람들은
남루한 옷에 거망이 묻고 누런 이빨 씻지 못한 얼굴들
신발은 닳고 흙이 묻었을 것이다

전장 6400킬로미터
그보다 더 긴 삶의 여정
어디에서 노구를 풀고 한 끼 식사 중인지
겨울 연산식당
오전 내내 허허벌판 현장에서 떨기만 했다고
시퍼렇게 언 사람들이
밥보다 먼저
뜨거운 콩나물국부터 마셨다

–「실크로드」 전문

실크로드를 걷는 사람들의 고단함과 겨울 현장에서

추위에 떨며 일하는 노동자의 고단함을 보여주고 있는 시이다. 6,400킬로미터 실크로드 위에서 제대로 씻지도 못하고 흙이 묻은, 닳은 신발을 신고 식사도 제대로 못하는 그들의 삶과 추운 겨울 현장에서 추위를 감내하며 일하는 노동자의 삶을 감싸 안고 있는 것이다. 추위에 떨며 일한 사람들이 "밥보다 먼저/ 뜨거운 콩나물국"부터 마시는 장면을 통해 그들의 고단함을 실감할 수 있다. 시인의 시선이 추위에 떨고 지친 민초들의 삶에 깊숙이 파고들어 보듬고 있음을 엿볼 수 있다. 또한 시 「황룡재」도 같은 맥락에서 볼 수 있는 작품이다.

이 산 계절색은 어디서 왔나

나이 마흔여섯에 어릴 적 엉덩이 푸른 반점이 같다는
늦깎이 색시 얻어 초봄 연두연두 뿜으며
괜스레 혼자 웃는 덤프트럭 뒤따른 적 있다

일찍이 부모가 이혼한 바람에 혼자 노는 맛을 알아버린
숨은 고갯길에는 진초록 바위틈에 앉아 듣는 빗소리
구부정히 얼굴 괸 허름한 뱃속
짐승의 색

막 굴러먹기 좋아 배웠다는 천직
들어앉지 못하는 성격에 바람처럼
애초부터 배움이 없는 터라 말이 거칠어 현장이 펄떡
이는 몸부림
타히티를 그린 화가보다
색감은 원색이다

주저하거나 앞뒤 가리지 않고
적당히 가리는 체면 따윈 벗겨버리는 매운 뒤끝
그 꽁무니 따라다니면
본능이 숨 쉬는 밤이 있고
유쾌한 노래가 있다
오르고도 끝나지 않는 길 위의 고개
만나는 길마다 내겐 초행이다

–「황룡재」 전문

황룡재에서 만난 고단한 삶을 살아가는 사람에 대한 연민을 노래하고 있다. "일찍이 부모가 이혼한 바람에 혼자 노는 맛을 알아버린/ 숨은 고갯길에는 진초록 바위 틈에 앉아 듣는 빗소리/ 구부정히 얼굴 괸 허름한 배 속 / 짐승의 색"에서 시적 화자의 쓸쓸함, 외로움을 읽을 수 있다. "막 굴러먹기 좋아 배웠다는 천직/ 들어앉지 못하는 성격에 바람처럼/ 애초부터 배움이 없는 터라 말이 거칠어 현장이 펄떡이는 몸부림/ 타히티를 그린 화가보다/ 색감은 원색이다"라고 한 데서 비록 많이 배우지 못했지만, 건강미 넘치는 삶을 엿볼 수 있고, 고갱의 타히티의 그림에서 볼 수 있는 원색의 순수함도 느낄 수 있다. 체면보다는 본능에 가까운 아름다운 삶이 있고, 본능에 충실한 유쾌한 노래가 있다. 그를 따라 황룡재에 이르는 길이 그와는 달리 시인에게는 "오르고도 끝나지 않는 길 위의 고개/ 만나는 길"이 모두 "초행"이다. 길들여진 길을 걸어온 시인은 황룡재에서 만나는 건강미 넘치는 사람들이 걷는 길을 통해 그들의 고단함과 겉치레보다 본능에 충실한 삶을 살아가는 민초들의 활력을 엿보게 된다. 이러한 민초들의 건강한 모습은 시 「공장」에서도 발견할 수 있다.

아무도 출근하지 않아 육중한 철문입니다
건너편이 잠잠합니다
깊이 외로웠는지 지문이 찬 서리 찰싹 달라붙습니다
열쇠 부딪히자
앵두나무
참새 폭죽

주머니에 손 넣고
뒷짐에 여기저기 눈길 주며
하나 둘
허겁지겁 따라 들어옵니다

와 쏟아지는 명랑한 인연이 좋습니다

-「공장」 전문

위 시는 건강하고 힘찬 노동의 현실을 보여주고 있다. 다른 사람이 출근하기 전에 먼저 나온 시적 화자는 외롭기도 하고 쓸쓸하기도 하지만, 함께 일할 동료들과의 "명랑한 인연"으로 활기를 얻고 있다. 시에서 무거움을 거느리고 있는 '육중한 철문'의 차가운 이미지가 마지막 연이자 마지막 행인 "와 쏟아지는 명랑한 인연이 좋습니다"라는 데에 이르러 가볍고 따뜻한 이미지로 승화하는 것을 볼 수 있다. 노동을 통해 '살아있음'을 느끼게 되고, '생기'를 얻고 있음을 볼 수 있다. 시인은 지금까지 "못 해 본 것은 많아도 안 해 본 것 없이 떠"(『막춤』, 권덕하 해설)돌아다닌, 뜻을 이루려 했으나 뜻밖의 일들을 많이 경험한 자신의 고단했던 삶을 성찰하기도 한다.

이름을 부른다

옹알이하고 몸 뒤집을 때
길거리에서 이유 없이 떼를 쓰고 울고 있을
화내고 고집부리던 당신

도무지 풀지 못할 방정식을 풀어 보라는
그대의 이름
방문 닫고 움직이지 않는 그대를 부른다

친구가 부를 때의 목소리로
좋아하는 사람이 부를 때의 목소리로

우두커니 홀로 있을 때의 이름
밥상머리에 둘러앉아 있을 때의 이름
새벽에 나가서 여태껏 집으로 가지 못하는 그대 이름

부르니 또한 내 이름이라
그림자 지우니 어둡다
희미하게 고독하게 무표정한
자화상이다

여보게, 밥은 잘 먹고 있는지

용기 잃지 마시게

잘 견디시게

–「자화상」 전문

힘겹고 고단한 삶을 살아오는 자신에게 용기를 불어넣고 있는 시이다. 시적인 자아의 상황은 현실 속에서 "도무지 풀지 못할 방정식을 풀"고 있는 상태에 놓여 있다. 그 문제를 풀기 위해 "방문 닫고 움직이지 않는" 자신을 불러본다. 격의 없는 "친구가 부를 때의 목소리"로, 때로는 "좋아하는 사람이 부를 때의 목소리"로 나지막이 불러본다. "우두커니 홀로 있을 때의 이름"과 "밥상머리에 둘러앉아 있을 때의 이름"을 소급하여 부르기도 하고, "새벽에 나가서 여태껏 집으로 가"고 있지 못하는 때의 이름도 불러본다. 그대의 이름은 다름 아닌 "희미하게 고독하게 무표정한" '나'이다. 시인은 "밥은 잘 먹고 있는지"라고 하며, "용기 잃지" 말고 "잘 견디"라고 당부한다. 무의식적 자아에게 힘을 북돋아 주고 있는 것이다. 현재 힘겹고 어려운 현실을 잘 살아왔고 앞으로도 잘 극복할 것이라는 소망을 담아내고 있다. 자신을 성찰한 시인은 '시인'으로서, '시 쓰는 일'에 대해 고민하게 된다.

좀처럼

들리지 않는다

손으로 흔들어 보고

허릿심으로 들고

어깨로 밀어본다

힘이 부족한지

고집이 센지

다음 사람이 이어받아 안간힘이다

그들을 동료라 부른다

몸이 아픈 곳도 같아 쉬는 시간 서로 돌려 잘 읽는다

시 쓰는 일

우선순위에서 밀렸다

점심 식당 동료들 앞에

공손하게

숟가락 젓가락 놓아 준다

－「하루에 시 한 편」 전문

시인에게 시 쓰는 일보다 더 중요한 것이 있을까. 이 시를 통해 시인은 '생계'를 위해 동료들과 힘을 모아 어렵게 함께 걸어가는 길, 이것이 시의 길임을 깨닫게 된다. "몸이 아픈 곳도 같아 쉬는 시간 서로 돌려 잘 읽는다"라고 한 데서 삶의 고단함을 읽을 수 있다. "시 쓰는 일/ 우선순위에서 밀렸다"에서는 치열하고 힘겹게 살아가는 현실 속에서 시 쓰는 일이 사치일지 모른다는 시인의 생각을 발견할 수 있다. 순간순간 고단한 삶을 살아가는 이들에게 "공손하게/ 숟가락 젓가락 놓아"주는 일이 시보다 더 큰 의미의 시 쓰기임을 그는 보여주고 있는 것이다. 윤동주의 「쉽게 쓰여진 시」를 연상하게 한다. 시인은 이 시를 통해 시에 민초들에 대한 삶을 애틋하고 따뜻하게, 그리고 참되고 올바른 길을 담아낼 것을 다짐하고 있는 것이다.

3

민초들의 삶에서 '뜻밖의' 진리를 터득한 시인은 이제 자신의 주위를 살핀다. 지금껏 무심코 지나쳤던 수많은 대상들에 눈길을 준다. 그 눈길에 의해 모든 것들이 모두 소중한 것임을 깨닫게 된다. 잣나무, 고목, 풀 등이 새롭게 다가온 것이다. 이 중 익살스럽게 충청도 기질을 보여주고 있는 '고목'을 노래한 시를 보기로 한다.

뭐 볼게 있다구 자꾸 보는 겨?

가슴은 처지고 삐진 옆구리 살
말이나 말아먹지 말지
거추장스러움은 곧잘 벗어던진다
팔뚝은 굵어 어지간한 살림
부탁하지 않는다
고운 데라고는 하나 없는데
자꾸 본다

이따금
새 달 구름 푸른 이파리
머리핀 꼽는다
부조화가 파격이자 매력이다

무심한 척 골똘하다

－「고목」 전문

치열하게 살다가 고목이 된 나무의 이면을 노래한 시이다. 자태를 뽐내던 나무껍질은 벗겨져 "가슴은 처지고 삐진 옆구리 살"만 남게 된다. 시적 화자는 "고운 데라고는 하나 없는데"라며 고목을 자꾸 바라본다. 이따금 새 이파리가 피어나지만, 이전의 무성한 새잎을 보며 그는 "부조화가 파격이자 매력"이라고 치켜세우기도 한다. "무심한 척 골똘"한 고목의 자태를 또 본다. 연륜이 쌓인 인생을 보는 듯한 느낌을 지울 수 없었기 때문이리라. 즉, 혈기 왕성하고 패기 있고 열정이 가득한 청춘을 지나 연로한 이들의 기품을 본 것이리라. 세월이 흘러 젊은이들처럼 균형과 조화를 갖춘 모습은 아닐지라도 필요 없는 것을 다 버리고 부조화인 듯 조화를 이루는, 오랜 세월 속에서 빚어진 가뿐한 노년의 모습을 말이다. 이는 시인이 꿈꾸는 노년의 삶일지도 모른다. 고목을 예찬한 시인은 이번에는 공장 틈새에 핀 풀에 대한 애정을 드러내고 있다.

> 공장 마당 깨진 틈새 풀
> 뙤약볕에 모질다
> 바닥 움켜쥐어 뽑히지 않고 끊어지는
> 악다구니
> 벌렁 누운 휴식 시간
> 휴대폰 사진 몇 장 넘기다 말한다

괜한데 힘쓰지 말자구
그도 이 바닥에 터 잡은 식구
다 틈바구니에 굴러먹어
잔뿌리가 깊어

앞뒤 살펴 긴장하게
정신줄 놓으면 일은 한순간
틈새 움켜쥐는 손바닥

현장은
잔뼈가 굵다

–「잔뼈」 전문

공장 마당 틈새에 핀 잡초를 보며 현장에서 잔뼈가 굵어진 이들을 생각하는 시이다. “공장 마당 깨진 틈새” 사이로 핀 풀의 강하고 질긴 생명력을 엿본다. 강한 뙤약볕에도 견디고 모진 바람에도 견딜 잔뿌리가 깊은 풀을 보며, 공장 현장에서 잔뼈가 굵은 건강미 넘치는 노동자들의 삶을 떠올린다. 공장 현장에서 힘든 일을 하면서 살아가는 억센 노동자들의 삶을 긍정적인 시선으로 바라보고 있다. 시인의 눈에는 공장 현장에서 일하는 민초들의 삶도, 공장 틈새에 난 풀도 모두 소중하게 여기고 있다.

시인은 고목과 잡풀을 통해 무소유와 강한 생명력을 보여주는 데에서 무생물을 통해서도 삶의 지혜를 깨닫는 데로 나아간다. 그는 「힘 - 살아 있는 돌 -」에서 습기와 추위와 바람을 다 견디고 다가온 돌의 내력을, 이면을 보고 있다. 돌의 생명력을 발견한 것이다. 또한 시인은 연못 위에 떠 있는 '공'을 통해 무소유의 소중함을 느끼기도 한다.

연못 위에 떠 있는 저 공은
한때

걷어차거나 헛발질에 빗나가는
땀 흘려 질주하는 본능이었으나
지금은 섞이지 않고
투명하고 차갑고 목직하게 잠긴 경계

떠 있는 달이라 해야 하나
근심이라 해야 하나
이파리는 낙엽이 되고
떠 내려와 켜켜이 잠겼다

시간은 조용하게 거기
모였다 흩어지는 흔적

지나간 무엇이 남았을까
빈 주머니에 손을 넣자 소리가 한 움큼

아프다고만 말할 수 없어
그냥 공이라 하겠다

―「비었거나 둥근」 전문

위 시는 연못 위에 떠 있는 공을 보며 삶의 공(空, 비어 있음)의 의미를 드러내 주는 작품이다. 연못 위에 떠 있는 공의 내력을 읽는다. 한 때는 팽팽하여 "걷어차거나 헛발질에 빗나가는/ 땀 흘려 질주하는 본능"을 지닌 공이었음을 떠올린다. 질주 본능이 "투명하고 차갑고 목직하게 잠긴 경계"에 머물고 있는 것이다. 시인의 시선은 여기에 머물지 않는다. 자신의 빈 호주머니를 떠올린다. 한때 그 주머니에 남부럽지 않은 만큼의 열정과 패기가 담겨 있었을 시절을 말이다. 그리고 그 주머니에 커다란 아픔도 내재했을 때도 있었을 것이다. 시인은 이제 그 모든 것, 즉 열정과 패기, 상처를 '공(空)'이라 명명한다. 모든 것을 편안하게 받아들일 만한 연륜을 지니

게 된 것이다. 팽창과 수축, 가득 참과 텅 빔을 '공'으로 읽는 내공을 갖게 된 것이다. 이러한 시선에서 보면 '항구'도 달리 보인다.

앞에는 바다다

진영 제우스 미자 만선 연화 용신 대한 해성호가 매여
있다

뒤에는
뱃살 두둑하고
앞치마 두르고
턱수염 주름 깊고
술 잘 먹고 욕 잘하고
욕심 많고
죽을 때쯤 잘해줄 걸 후회하고
사랑스럽고
이젠 뒈지지도 않는다고

믿는 구석이라곤 무작정
별거 없는 배짱
그거 없으면 세상마저

끝

매여 있어도 일렁이는 이름들이 모여 이루는
테두리다

– 「항구」 전문

위 시는 바다가 보이는 항구보다는 바닷사람들이 생기있게 살아가는 항구의 이면을 노래하고 있다. "뱃살 두둑하고/ 앞치마 두르고/ 턱수염 주름 깊고/ 술 잘 먹고 욕 잘하고/ 욕심 많고/ 죽을 때쯤 잘해줄 걸 후회하고/ 사랑스럽고/ 이젠 돼지지도 않는다고// 믿는 구석이라곤 무작정/ 별거 없는 배짱/ 그거 없으면 세상마저/ 끝"이라고 말하는 항구를 지키는 사람들이 있다. 시인은 정제되고 체면을 중시하는 사람보다 삶의 현장에서 본능에 충실하고 날 언어(육두문자)를 스스럼없이 구사하는 인물에게 더 애정을 보낸다. 그러기에 시인의 눈에는 항구는 "매여 있어도 일렁이는 이름들이 모여 이루는 테두리"인 것이다. 항구에 묶여 있는 배를 가로지르는 건강한 뱃사람들의 건강미와 진취성을 읽어내고 있다.

노동의 현장과 우리 주위의 많은 대상들을 통해 건강함과 생명력, 무소유의 가치를 발견하게 된 '진정(眞情)'의 의미를 보여주기에 이른다.

열린 창으로 새가 들어왔다

떨어지듯 주저앉길 몇 번

산 하늘 바람이 보이질 않았다

오직 너만 존재다

네가 나갈 동안

눈은 붉어지고

가슴이 탔다

너와 나

열어두고 갇히는 관계

갔다 하여 끝나지 않는 마음이다

－「진정眞情」 전문

시적 대상에 대한 시인의 참된 사랑을 보여주는 시이다. 창문을 통해 방으로 들어온 새를 보며 시인은 노심초사한다. 행여 새가 다칠까, 방 밖으로 나가지 못할까 하는 마음에서 이다. 새가 나갈 동안 "눈은 붉어지고/가슴이 탔다"라고 언급한 데서 그 순수한 마음을 읽을 수 있다. 시적 화자뿐만 아니라 새 또한 그랬을 것이라는 데까지 읽는다. 새와 시인의 관계는 서로 "열어두고 갇히는 관계"에 놓여 있다. 새가 방에서 떠났어도 시인은 마음이 진정되지 않는다. 새를 통해 '참되고 애틋한 정'(眞情)을 느끼고 있는 것이다. 경의의 마음으로 사물을 대하는 시인의 진정을 엿볼 수 있다. 그는 이제 진정(眞情)의 시선으로 가족들의 모습을 살핀다.

백제 성왕이 정벌에 나선
최후의 길이었다

어머니는 아무리 애써도 살길이 안 보인다고
다 버리고 나온 길이었으나 스스로 발길 접은
처음이자 마지막 영토 확장의 길이었다

이 길이 아내에게는 고향이자 시댁 가는
여자의 길이라 싫다 한다

어둡고 아득하여 애써 외면하는
왕의 길

은밀하고 예측 불가능함에도
표지판과 과속 방지턱이 있고

그 길에는
꽃이 만발하고 부드럽게 굽이지고
완만하게 계절이 온다

오랫동안 넘고
너머에 볼 수 없는 도착지가 있다

–「성왕길」 전문

대전에서 보은으로 가는 길 중간 쯤 옥천 구간에 있는 '성왕길'에 대한 단상을 보여주는 시이다. 시인은 "백제 성왕이 정벌에 나선" 최후의 길을 떠올리며 "아무리 애써도 살길이 안 보"여 고향에서 떠나와야만 했던 가족사를 회고한다. "고향이자 시댁 가는/ 여자의 길"이라 싫다고 한 아내의 말도 상기한다. 그리하여 "어둡고 아득하여 애써 외면하는/ 왕의 길"이기도 하다. 그러나 시인에게는 이 길이 "꽃이 만발하고 부드럽게 굽이지고/ 완만하게 계절이 오는 곳"이기에 더 가고 싶은 길이다. "오랫동안 넘"어온 곳이지만 그곳은 다시 가야 할 "도착지"이기도 한 곳이다. 이 길은 살기 위해 떠나온 길이지만, 인생을 잘 마무리하기 위해 다시 돌아갈 곳이기도 하다. 삶의 근원이, 시의 원형이 기억 속에 그대로 남아 있는 곳이기 때문이다. "오늘은 무얼 끓여 먹나/ 바람 든 무 구덩 앞/ 조바심하는 엄니 같다"(「산달, 2월」)라고 노래한 데서는 지독한 가난으로 끼니 걱정을 해야 하는 어머니의 그늘도 보인다. 또한 시인은 누이도 떠올린다. 마마 열꽃 세 개가 피고, 동백머리를 한 누이를, "살갗이 트고 눈꺼풀은 내려앉"은, "등짝에 검불이 달려 있"는 모습을 상기한다.(「누이」) 고생만 한 누이에 대한 그리움을 '달'을 통해 형상화하고 있다. 그리고 고단하고 힘겨운 삶을 살다간 막내 고모에 대한 추억도 떠올린다. "가축시장 난전 차일치고 국수 팔던 고모"를 상기하며, 추운 날 저승 가는 길로 떠나는 고모를 걱정하는 시인의 선한 심성을 엿볼 수 있다. "마른 솔가비라도 한 지게 지고/ 궁실궁실 매운 연기라도 피워/ 이 추위에 몸 녹여 가시라고 해야 할 텐데/ 죽전 봇도랑 잘 건너셔야 할 텐데"(「고모」)라고 하여 고모가 따뜻하고 안전하게 피안의 세계로 가길 기원하고 있다. 그런가 하면 "고른 치열 오뚝한 코 쌍꺼풀 한" 매혹적인 모습과 견주어 최종 면접에서 떨어진 착한 딸의 안타까운 심정을 표출하기도 한다. 외모지상주의의 현실을 비판하는 동시에 개성의 소중함을 보여주고 있다. 아침 버스정류장에서 만난 꽃들의 "광대뼈 깊은 주름 세상모를 것 없는 굴곡의 지혜"가 흐르고 있는 데서 긍정적인 시선을 보이고 있다. 이정록의 「풋사과의 주름살」, 이준관의 「구부러진 길」 등을 연상하게 하기도 한다. 이 시에서 시인의 미덕 중 하나인 현실의 슬픔을 그대로 두지 않고 긍정적으로 승화한다는 점을 발견할 수 있다.

4

시인이 꿈꾸는 세상은 어떤 세상일까. 슬픔이 없는 세상이지 않을까. 2019년 4월 16일 세월호 5주기에 쓴 것으로 보이는 시 「한 배」에서 시인은 세월호 침몰 사고로 숨진 이들을 애도하며 꿈에서라도 '한 배' 타기를 소망하고, "좋을 때나 나쁠 때나/ 한 몸으로 타야지"라고 노래한 데서 이를 엿볼 수 있다. 그리고 그는 군자의 삶을 꿈꾸기도 한다. "아침에 작고 반짝이는 검은 눈을 가진 새는 그곳에서/ 맑고 따뜻한 자세다/ 나는 다짐했다// 당분간/ 자리는 가려 앉고/ 자세 바르게 하며/ 좋지 않음은 듣지도 보지도 말며/ 마음은 덕으로 다스려/ 진중함에 애써야겠다"(「아침」)라고 노래한 것처럼, 시인은 아침에 작고 반짝이는 눈을 가진 새의 맑고 따뜻한 자세를 보며 마음가짐을 다잡고 있다. 새를 통해 군자의 길을 배우게 된 것이다. 또한 시인은 태국 아유타야 사원에 나무뿌리가 일으켜 세운 불두(佛頭)를 보며 새로운 세상을 꿈꾸기도 한다. 나무뿌리 속에 있는 불두를 보며 시인은 애잔한 느낌보다는 긍정적인 메시지를 얻는다. 비록 "몸은 떨어지고/ 내동댕이쳐진 고통"이 가득하지만, "막막한 상처 꺼내 놓고/ 스스럼없"이 웃고 있는 불두의 모습을 보며 자신의 삶을 되돌아보고 있다. "믿음이란/ 떨어져 깨진 머리가 아니라/ 다시 일으켜 세우는 손길/ 웃음의 뿌리"(「불두佛頭」)라는 것을 깨닫고 있는 것이다. 그리하여 시인은 이전의 수많은 기도에 대해 '무효'라고 하며, 고단하고 힘겨운 삶이지만 다시 힘을 내야겠다고 다짐한다. 시인이 진심으로 꿈꾸는 세상은 시 「마음의 서쪽」에 그려진 세상이지 않을까.

추위와 가축과 도랑물 바람과 모닥불과 연기
삭은 젖 썩어가는 감자와 현이 두 개인 악기
그 속에 세상 모든 것이 다 들어 있고
다 가진 것이어서

어디에도 속하지 않는 흐름이어서
울림은 현에서 별 많은 밤으로
존재였던 것은 전설로 이어지고
이방인이 찾아왔을 때
스스럼없이 방으로 들이고 반가워
춤도 추고 노래하는
번성한 마을도 국가도 없이 다만 살다가 가고픈
가난이 있다

－「마음의 서쪽」 전문

가난하지만, 평화로운 곳, 반가워 춤추고 노래할 수 있는 '마음의 서쪽'을 지향하는 시이다. "추위와 가축과 도랑물 바람과 모닥불과 연기"가 있고, "삭은 젖 썩어가는 감자"와 "현이 두 개인 악기"가 있는 곳, "번성한 마을도 국가도 없"는 그곳에서 가난한 사람들과 마음껏 향유하고 싶은 내용이 담겨 있다. 그가 꿈꾸는 가난한 시인의 마을, 가난한 시인들과 더불어 함께 사는 곳, 그곳에서 오래오래 살고 싶은 욕망을 드러내고 있는 것이다. 시인이 꿈꾸는 세상을 이루기 위해 시인은 오늘도 진정(眞情)의 삶을 바탕으로 진정(眞正)의 문학을 향해 나아가고 있는지도 모른다.

뜻밖이다

인 쇄 | 2020년 11월 25일
발 행 | 2020년 11월 30일

지 은 이 | 김규성
펴 낸 곳 | 도서출판 한솔
등 록 | 1987년 12월 3일 제아32호
주 소 | 충북 청주시 서원구 모충로145번길 5-6(사직동)
전 화 | 043)264-8341/3079

ISBN 978-89-91475-53-3

* 책값은 뒤표지에 표시되어 있습니다.
* 이 시집은 2020 대전광역시, (재)대전문화재단에서 사업비 일부를 지원받아 발간되었습니다.

대전문화재단

이 도서의 국립중앙도서관 출판예정도서목록(CIP)은 서지정보유통지원시스템 홈페이지(http://seoji.nl.go.kr)와 국가자료종합목록 구축시스템(http://kolis-net.nl.go.kr)에서 이용하실 수 있습니다. (CIP제어번호 : CIP2020048151)